Inhalt

Geschäftsmodelle im Rahmen der DSL-Technologie

Kernthesen

Beitrag

Fallbeispiele

Weiterführende Literatur

Impressum

Geschäftsmodelle im Rahmen der DSL-Technologie

M. Westphal

Kernthesen

- Controller verschiedener Branchen sehen ihre Unternehmen durch die verstärkte Einführung der DSL-(DigitalSubscriberLine)Technologie Gefahren ausgesetzt.
- Controller von Telekommunikations-Operators sehen den Kapitalrückfluss für die teuren Investitionen gefährdet.
- Controller von Medienunternehmen befürchten starke Umsatzeinbußen durch illegale Downloads.
- Controller von Content Providern erkennen,

dass ihre Dienste nicht alleine durch Banner-Werbung finanziert werden können.
- Nur durch ein konzertiertes Zusammengehen dieser Parteien kann durch diese neue Technologie ein tragfähiges Geschäftsmodell aufgebaut werden.

Beitrag

Unternehmen verschiedenster Branchen sehen sich durch die voranschreitende Verbreitung von breitbandigen Internet-Zugängen mit Problemen konfrontiert. Der heute noch vorherrschende Zugang zum Internet ist schmalbandige Technologie über Analog-Modem (mit Übertragungsraten bis zu 56 kBit in der Sekunde) oder aber auch ISDN-Modem (fix 64 kBit/sek.; bei Kanalbündelung 128 Bit/sek.)

Die DSL-Technologie ermöglicht weitaus höhere Datenübertragungsraten. T-Online als Marktführer in Deutschland z. B. bietet seinen Abonnenten eine Übertragungsrate von bis zu 768 kBit/sek.. Das ermöglicht für den Nutzer zum einen den schnelleren Aufbau der Web-Seiten, aber auch einen beschleunigten Download von großen Dateien.

Durch diesen beschleunigten Zugang zum Internet

werden nicht nur die Kosten für die Bereitstellung der Technologie deutlich erhöht, sondern die Möglichkeit zu neuen Inhalten wie aber auch dem beschleunigten Downloads großer Dateien, wird verbessert.

Dieser Trend beinhaltet für die Entwicklung der Geschäftsmodelle von Unternehmen der beteiligten Industrien viele Chancen zur Sicherung oder Verbesserung ihrer Ertragslage, aber auch eine Menge an Herausforderungen und Gefahren.

Zielgruppengerechte Angebote

Das für Internet-Inhalte vorherrschende "Gewohnheitsrecht" für kostenlosen Content erschwert die Einführung von die Gewinnposition verbessernden "Bezahl-Angeboten".
Rein das durch neue Technologien ermöglichte Angebot generiert noch keinen Markt. Die verschiedenen digitalen Erlebniswelten müssen sehr genau analysiert werden, um für die einzelnen Segmente auch zielgruppenspezifische Angebote zu schnüren. So erwartet die "Lean-Forward-Position" des PC-Nutzers eine Abstimmung des Angebotes im Hinblick auf gewünschte (Inter-)Aktivität des Nutzers, sowie optische Gestaltung und Länge.

Abgegrenzt werden müssen diese Angebote gegen die "mobilen Erlebniswelten" der Handy und PDA- (Personal Digital Assistant)Nutzer wie auch gegen die "Lean-Back-Position" des eher passiven TV-Nutzers. Nur eine klare Definition der Zielgruppenbedürfnisse und ein darauf exakt abgebildetes Angebot sichern den finanziellen Unternehmenserfolg.

Operators

Operators wie z. B. die Deutsche Telekom blicken auf ein zweischneidiges Schwert. Sofern sie nicht konsequent die Penetration der DSL-Übertragungstechnolgie vorantreiben, laufen sie Gefahr, dass diese Technologie durch breitbandige Substitutionsprodukte wie z. B. Powerline (Internet aus der Steckdose über Stromkabelnetz) oder Cable (Internet über das Fernsehkabel), die ähnliche Übertragungsraten bieten, im Markt ersetzt wird. Andererseits benötigt die technische Aufrüstung auf die DSL-Technologie hohe Investitionen, die nur durch für die Operatoren höhere Einnahmeströme refinanziert werden können.

Daher müssen die Operatoren nach neuen Einnahmequellen suchen, die ein verstärktes Investment zu breitbandigen Zugängen rechtfertigen.

Dieses kann zum einen durch Kooperationen mit relevanten Content-Anbietern geschehen, denen u. a. das Inkasso über die Online-Rechnung angeboten wird, aber auch durch die Gewinnung zusätzlicher Kunden. Die zusätzlichen Kosten für ein flächendeckendes DSL-Angebot sind mit den Einnahmeströmen der "neuen" Business-Pläne zu vergleichen.Aktuell wird der Großteil der Umsätze der Operators durch die Grundentgelte der Nutzer generiert. Die Deutsche Telekom betreut derzeit etwa 98% der deutschen DSL-Nutzer. AOL hat etwa 100.000 deutsche DSL-Nutzer, die aber alle über die Leitungen der Deutschen Telekom bedient werden. Die Firma QSC, Köln, die nach eigenen Angaben Nummer 2 im deutschen Breitbandbusiness ist, zählt etwa 33.000 Kunden, von denen ein Großteil aus dem Firmengeschäft kommt. QSC differenziert sich gegenüber der Deutschen Telekom durch Bandbreiten, die je nach Angebot und Preis über minimal 1.000 kBit/sek und deutlich geringere Ping-Raten (insbeondere für "Gamer" relevant) verfügen, im Gegensatz zum T-Online-Angebot, welches zur Zeit im Privatkundenbereich nur **bis zu** 768 kBit/sek. anbietet. (1)

Medienunternehmen

Medienunternehmen sehen sich auch ohne eine hohe Penetration von breitbandigen Internetzugängen einer Gefahr für ihre Intellectual Property Rights und damit ihren Einnahmequellen ausgesetzt. Internet-Tauschbörsen wie das inzwischen verbotene Napster und die aktuellen Anbieter wie z. B. Morpheus, Kazaa oder Gnutella ermöglichen via Internet das Austauschen von Musik-Dateien, Bildern oder aber auch Filmen. Durch eine verstärkte Verbreitung von breitbandigen Internetzugängen und damit deutlich beschleunigten Download-Zeiten, nimmt die Gefahr der illegalen "Musik- und Filmpiraterie" deutlich zu, wodurch das gesamte Geschäftsmodell vieler Medienunternehmen gefährdet wird. Sie hätten zwar hohe Ausgaben in Richtung ihrer Künstler sowie zu deren Vermarktung zu leisten, sähen sich aber keinen entsprechenden Einnahmequellen gegenüber.

Internet Service Provider (ISP)

Die im Zuge der Internet-Euphorie häufig stark bezuschussten Internet-Service-Provider können ihre Dienste nicht mehr für den End-Nutzer kostenlos nur durch Werbe- und Venture Capital-Finanzierung produzieren. Sie müssen sich neu an "Bezahldiensten" ausrichten, die sich an dem insgesamt zunehmenden Trend nach breitbandigen Internet-Zugängen ausrichten. Dabei müssen sie sich an den sich daraus ergebenden neuen Möglichkeiten für Internet-Dienste orientieren, um ihre Kunden auch hin zu bezahlten Diensten zu bewegen.

Fallbeispiele

Eine insbesondere für Operator interessante Zielgruppe ist die der mittelständischen Unternehmen, die in Deutschland bisher vor allem vom Anbieter QSC, Köln betreut wird. Mittelständische Unternehmen können sich kaum kostenintensive, nicht IP-basierte Übertragungstechnologien wie FR (Frame Relay) oder ATM (Asynchronous Transfer Mode), die i. d. R. auf Standleitungen basieren, leisten, um ihre Kommunikation zwischen geographisch verteilten Standorten sicherzustellen. Hier bieten IP-basierte Übertragungsverfahren, die auf DSL-Technolgie basieren, eine Möglichkeit ihre Bedürfnisse zu befriedigen und damit für Operatoren einen Ansatz, dieses Medium einer zahlungswilligen Klientel anzubieten. Insgesamt stehen eine Vielfalt an Technologien und Möglichkeiten zur Verfügung. (6)

Medienunternehmen aus der Musikbranche bieten verstärkt Dienste zum kostenpflichtigen Download von Songs an. So gründeten AOL Time Warner, Bertelsmann und EMI zusammen mit Real Networks das zunächst nur in den USA nutzbare Musicnet. Sony und Universal Music etablierten die Plattform Pressplay (welches voraussichtlich ab der zweiten Jahreshälfte 2002 auch in Deutschland online gehen wird.) Inwieweit sich diese Dienste durchsetzen werden, besonders im Hinblick auf die Tatsache, dass gemäß einer Studie von Jupiter MMXI 2001 in Westeuropa nur 252 Millionen Euro erwirtschaftet wurden und davon alleine 70% für Erotikangebote, bleibt abzuwarten. (7)

Einen ersten Versuch, den Breitbandnutzern im Rahmen von weitreichenden Kooperationen mit Sport-, Medien- und Spiele-Contentanbietern im Internet kostenpflichtigen content anzubieten, baut T-Online mit seinem Portal T-Visions auf, in dem verschiedener, zum Teil kostenpflichtiger Content angeboten wird. (8)

Weiterführende Literatur

(1) Der Turbo verwandelt das Internet in eine Unterhaltungsmaschine DSL bietet neue Chancen für Konkurrenten der Telekom / Datenautobahn wird

noch breiter / Inhalte gewinnen an Bedeutung
aus Frankfurter Rundschau v. 21.03.2002, S.10,
Ausgabe: R Region

(2) Viva- und Viva Plus-Web-Site,
www.vivaplus.tv/webvideos.html
aus Frankfurter Rundschau v. 21.03.2002, S.10,
Ausgabe: R Region

(3) Arcor stärkt Premiere den Rücken
aus HORIZONT 11 vom 14.03.2002 Seite 050

(4) T-Online startet ihr Breitband-Portal
aus Frankfurter Allgemeine Zeitung, 14.03.2002, Nr. 62,
S. 16

(5) contentmanager.de die deutsche content
management site,
www.contentmanager.de/magazin/artikel_140_conten
aus Frankfurter Allgemeine Zeitung, 14.03.2002, Nr. 62,
S. 16

(6) DSL und IP-VPN sind gemeinsam auf dem
Vormarsch Routing-Konzepte für virtuelle private
Netze
aus Computerwoche, 15.03.2002, Nr. 11, S. 30-31

(7) Inhalte für Breitbandnutzer gesucht DSL-Technik
erhöht die Nachfrage nach Musik und Videos im
Web signifikant
aus FTD Financial Times Deutschland vom 12.03.2002,
Seite BE7

(8) T-Vision-Homepage von T-Online, www.vision.t-online.de
aus FTD Financial Times Deutschland vom 12.03.2002, Seite BE7

Impressum

Geschäftsmodelle im Rahmen der DSL-Technologie

Bibliografische Information der deutschen Nationalbibliothek

Die Deutsche Nationalbibliothek verzeichnet diese Publikation in der deutschen Nationalbibliografie; detaillierte bibliografische Daten sind im Internet über http://dnb.d-nb.de abrufbar.

ISBN: 978-3-7379-0126-0

© 2015 GBI-Genios Deutsche Wirtschaftsdatenbank GmbH, Freischützstraße 96, 81927 München, www.genios.de

Alle Rechte vorbehalten. Dieses Werk ist einschließlich aller seiner Teile – z.B. Texte, Tabellen und Grafiken - urheberrechtlich geschützt. Jede Verwertung außerhalb der Grenzen des Urheberrechtsgesetzes bedarf der vorherigen Zustimmung des Verlags. Dies gilt insbesondere auch für auszugsweise Nachdrucke, fotomechanische Vervielfältigungen (Fotokopie/Mikroskopie), Übersetzungen, Auswertungen durch Datenbanken oder ähnliche Einrichtungen und die Einspeicherung und Verarbeitung in elektronischen Systemen.